Kopf hoch:

Worte für dein Leben!

Vorwort

Ich schreibe dieses kleine Buch, weil mich die Not der Menschen bewegt. Es gibt Millionen von Menschen, die täglich mit irgendetwas zu kämpfen haben. Es ist einfach so, dass das Leben manchmal ungerecht ist. Aber trotz dieser scheinbaren Ungerechtigkeit gibt es irgendwo einen Sinn im Leben und auch eine Hoffnung, die die Menschheit trägt. Ein Stück von diesem Sinn und dieser Hoffnung möchte ich durch dieses Buch vermitteln.

Wenn ich an viele Menschen denke, die keinen Ausweg in ihrem Leben sehen und sich in den Suizid flüchten, so fühle ich mich dafür verantwortlich, allen, die in einem dunklen Loch stecken, etwas Hoffnung zu geben. Auch wenn ich an viele denke, die einmal eine höhere Position in der Gesellschaft innehatten und sich nun wegen eines Schicksalsschlags oder eines schweren Fehlers zurückziehen, in der Isolation und sogar manchmal auf der Straße leben müssen, so fühle ich mich auch hier verantwortlich, Mut zu machen, damit auch diese Menschen wieder „auferstehen" können.

Ich bedanke mich bei allen, die mir geholfen haben, diesen kleinen Beitrag zum Gelingen des Lebens vieler Menschen zu leisten. Besonders danke ich Herrn Dr. Fritz Krappe, Frau Maria Höfling für die Korrektur und Herrn Sergio Leone für die Formatierung und das Layout.

Widmung

Allen Menschen, die es im Leben schwer hatten oder haben. Es soll für sie ein kleines Zeichen der Hoffnung sein!

Theophilus Ugbedeojo Ejeh

Kopf hoch:

Worte für dein Leben!

Bibliografische Information der Deutschen National-bibliothek:

Die Deutsche Nationalbibliothek verzeichnet diese Publikation in der Deutschen Nationalbibliografie; detaillierte bibliografische Daten sind im Internet über http://dnb.dnb.de abrufbar.

Herstellung und Verlag:

BoD – Books on Demand,

Norderstedt

ISBN: 978-3- 7322-3941-2

Inhaltsverzeichnis

Steh wieder auf

Am Ostersonntag 2012 war ich nach unserem Gottesdienst "ganz gut drauf", wie eigentlich meistens nach dem Gottesdienst, weil mir dort stets Kraft geschenkt wird. An diesem Ostersonntag aber, am 8. April 2012, ging es mir ganz besonders gut. Als ich in meine Wohnung kam, war alles noch in Ordnung, aber als ich mit einem Cousin telefonierte, um meine Osterfreude mit ihm zu teilen, erschien dieser mir sehr bedrückt. Er erzählte mir sofort von einem Trauerfall. Es handelte sich um „die Mutter von den Zwillingen", die ich kannte. Die Frau hatte am Karsamstag einen Unfall gehabt und war sofort tot. Ich konnte es nicht fassen! Diese Frau hatte ein paar Tage zuvor versucht, mich telefonisch zu erreichen, leider ohne Erfolg. Ich wollte sie noch später anrufen, aber nun lebte sie nicht mehr! Meine Freude verwandelte sich schlagartig in große Trauer. Da dachte ich an das, was ich gerade gepredigt hatte, und zwar über die Meinungen von unterschiedlichen Menschen zum Osterfest. Dabei sprach ich von einer Frau, die meinte, Ostern bedeute für sie die Nähe von Trauer und Freude. Bei der Passion Jesu kam zuerst Trauer und danach Freude über seine Auferstehung. Aber bei mir war es nun genau umgekehrt! Ich war vorher sehr fröhlich und wenige Minuten später "am Boden zerstört". Zu dieser Stunde erwartete ich ein paar Freunde. Ich machte meine Wohnung bereit für sie und holte am Nachmittag zwei von ihnen vom Bahnhof ab. Abends holte ich den letzten ab. Als wir vom Bahnhof kamen, bog ich zu einer Tankstelle ab, um Benzin zu tanken, vergaß jedoch, gleich zu bezahlen und fuhr davon. Am nächsten Tag war ich mit den Freunden auf einer Feier und dachte nicht an die Tankstelle. In meinem Unterbewusstsein war jedoch irgendwo, dass ich nicht bezahlt hatte. Als ich die Freunde am Tag danach zum Bahnhof gebracht hatte, fuhr ich zur Tankstelle. Dort sprach mich gleich eine Mitarbeiterin auf das Nichtbezahlen an, worauf ich mich sofort entschuldigte und das Geld bezahlte. Es war jedoch zu spät, denn man hatte es bei der Polizei gemeldet. Ich nahm die Quittung und fuhr zur Polizei. Mir fielen die vielen Menschen ein, die bei solchen Fehlern im Gefängnis landen oder hart bestraft werden. Sie hatten auch nicht die Absicht, etwas Böses zu tun, befanden sich aber auf einmal in einer schlimmen Lage. Bei mir ist es noch einmal gut gegangen, aber für die Menschen, die solch ein Glück nicht haben, kann sich das ganze Leben ändern. Dieser Vorfall hat mich dazu bewogen, über das Leben im Allgemeinen nachzudenken und über die Lage vieler Menschen in dieser Welt.

Was mich selbst betraf, so war ich durch den erwähnten Trauerfall noch sehr erschüttert. Ich war tief betroffen, musste aber wieder Mut fassen und aufstehen. Ich dachte an die Worte einer Bekannten: „Manchmal brauchen wir unsere gesamte Kraft, um uns nicht wegen der Dunkelheit dieser Welt in Mutlosigkeit fallen zu lassen".

Das Leben muss weitergehen! Ich muss nach oben schauen und nicht nach unten! Ich sage mir selber, als gläubigem Christen, „Christus ist auferstanden und liegt nicht mehr im Grab; und weil Er lebt, kann auch ich weiter leben!" Das ist der Glaube, der mich in einer "Wüsten-Zeit", einer Zeit der Probe, immer wieder hochzieht und leben lässt.

Jesus selbst hat uns gesagt: „In der Welt seid ihr in Bedrängnis, aber habt Mut: Ich habe die Welt besiegt" (Joh 16,33). Besonders seine Auferstehung beweist, dass alles, was von uns Menschen für unmöglich gehalten wird, möglich ist. Am Ostermorgen wurde der große Stein, der das Grab verschlossen hielt, auf übernatürliche Weise weggewälzt. Dieser Stein ist ein Symbol für Bedrängnisse und Blockaden, die uns unfrei machen. Es kann der Stein der Krankheit, der Trauer, der Trennung, der Resignation, der Enttäuschung, der Beziehungslosigkeit, der Sorge sein, der mich von einem befreiten Leben abhält. Wenn ich an die Auferstehung Jesu glauben kann, so kann ich auch an meine "Auferstehung" von lähmenden Erfahrungen im Lebensalltag glauben. Auf diese Weise erlebe ich, wie solche Blockaden in meinem Leben weg gewälzt werden. So kann ich neu leben und das Leben vieler Menschen in unserer oft betrübten Welt bereichern. Ich brauche dazu nur den Mut, aufzustehen und meinen Glauben "ins Rollen zu bringen". Mit einem Gedicht von Renate Hartwig möchte ich diesen Abschnitt schließen: „Habe Mut, die

Stufen zu erklimmen. Habe Mut, zu gehen vom Dunkel ins Licht. Habe Mut, neue Horizonte zu entdecken. Habe Mut zu hören, wenn deine Seele zu dir spricht. Habe Mut…"

Sei dankbar und sing wieder mal ein Lied

Der Weihbischof Heinrich Janssen vom Bistum Münster predigte einmal: „Wer nicht mehr danken kann, wird bitter". Ich bat ihn um die Predigt und war sehr froh, dass er sie mir gab.

Dankbar sein bringt immer wieder eine gewisse Melodie in unser Leben hinein! Dazu muss man sagen, dass dies nicht immer leicht ist. Es muss vielmehr "kultiviert" werden! Im alltäglichen Umgang mit den Mitmenschen pflegen wir immer „Danke" zu sagen, wenn uns etwas Gutes widerfährt oder wenn wir Geschenke empfangen. Derjenige, dem gedankt wird, spürt selber eine Freude in sich und fühlt sich bestätigt und derjenige, der dankt, macht sich empfänglich für weitere Lebensgeschenke.

Manchmal ist es hart für uns im Leben, einen Grund zur Dankbarkeit zu finden. Wenn alles zu zerfallen scheint, wenn die Welt um uns herum zu zerbrechen droht, denkt man kaum an Dankbarkeit. Aber genau in so einem Moment kann die Dankbarkeit eine befreiende Erfahrung sein. Wenn wir in solch einem Augenblick einen Grund finden zu danken, so spüren wir ein wenig Freude. Ich habe einmal die Erfahrung gemacht, weinend zu lächeln:

Es war im Jahre 2001, als mein Vater starb. Ich erhielt die Todesnachricht in Fulda, wo ich damals Theologie studierte und war sehr traurig. Ich lief schnell zu unserem Regens, dem Chef unseres

Priesterseminars, er war jedoch nicht da. Darauf rannte ich zum Zimmer eines Freundes, der ebenfalls nicht anwesend war. Ich brauchte in diesem Moment jemanden, der mich tröstete, aber ich fand niemanden. So eilte ich in die Kapelle, wo ich meistens abends für meinen Vater gebetet habe. Unterwegs zur Kapelle dachte ich an manch schöne Erlebnisse mit meinem Vater und vor allem daran, dass er auf seinem Weg in die Ewigkeit gut vorbereitet war. Daher war ich Gott dankbar und lächelte sogar ein wenig - nur einen winzigen Augenblick lang!

Noch von einer anderen Erfahrung möchte ich berichten: Es war in Münster, wo ich von 2000 bis 2001 ein Freisemester machte. Ich wohnte damals in einem Haus (Collegium Borromaeum) zusammen mit vielen anderen Priesteramtskandidaten. In dem Semester hatte sich die Hausgemeinschaft mit

16

einem Thema beschäftigt, für das ich mich sehr interessiert habe. Es handelte sich um den Lobpreis! Wir wurden motiviert, immer wieder Lieder zu singen, besonderes am frühen Morgen beim Aufstehen, um für den Tag gut gestimmt zu sein. In dieser Atmosphäre machte ich eines Morgens eine ungewöhnliche Erfahrung. Beim Aufwachen sprach ich Worte, die mir völlig fremd waren: „Lass die ganze Erde erkennen, dass der Herr Gott ist!" (vgl. 1 Kön 8,60) Ich stand ganz überrascht auf und fragte später einen Mitbewohner, ob der Satz richtig sei, denn ich war zu der Zeit der deutschen Sprache noch nicht so mächtig. Und er bestätigte es! Von da an war ich noch mehr vom Lobpreis begeistert und kaufte mir eine Gitarre, meine erste Gitarre! Ich sang immer wieder irgendein religiöses Lied zur Gitarre. Manchmal habe ich sogar im kleinen Kreis von Mitbewohnern gespielt, etwas, das ich vorher niemals gewagt hätte. Ich schrieb auch einige Gedanken dazu nieder, die sich später zu einem Buch mit dem Titel: „Give Him Thanks and Praise: My Encounter with God – dank Ihm und preise Ihn: Meine Begegnung mit Gott" entwickelten. In dieser Atmosphäre des Lobpreises geriet ich einmal in eine unangenehme Situation. Ich musste eine Seminararbeit im Fach Neues Testament zusammen mit einer Gruppe von jungen Studenten schreiben. Diese aber hatten wenig Zeit für die Arbeit, während für mich die Zeit langsam knapp wurde, denn ich musste bald zurück nach Fulda, zum Ort meines Hauptstudiums. Ich entschied mich deshalb, die Arbeit alleine und eigenständig zu verfassen. Einige meiner Mitbewohner glaubten nicht, dass ich es schaffen würde, die Arbeit innerhalb der kurzen Zeit zu verfassen.

Ich aber war sehr optimistisch und arbeitete Tag und Nacht in der Bibliothek. In der freien Zeit

18

spielte ich auf meiner Gitarre und sang dazu. Nach ein paar Tagen hatte ich die Arbeit fertig, ein Mitbewohner korrigierte sie und ich gab sie dem Professor ab. Eine Woche später war das Ergebnis da. Der Professor war sehr zufrieden damit, gab mir ein "Sehr gut" und notierte dazu: „Eine ganz gezielte Arbeit …". Ich nahm die so gut bewertete Arbeit mit Freude entgegen.

Als es Zeit für die Rückkehr nach Fulda war, machte ich mir Sorgen, wie ich all das Gepäck zum Bahnhof bringen sollte, denn es hatte sich in der kurzen Zeit so einiges angesammelt - darunter auch meine Gitarre! Ein Taxi wollte ich "armer Student" nicht nehmen. Am Tag der Abreise stand ich früh auf und probierte schon einmal das Kofferschleppen. Dabei tat mir jedoch der Rücken sehr weh, aber ich dachte mir: „Du musst dir keine Sorgen wegen des Gepäcks machen, du musst vielmehr dankbar sein, dass du dein Semesterziel so gut erreicht hast". Da ließ ich alles fallen, nahm meine Gitarre und fing an zu singen. Nach einer Weile klopfte ein Mitbewohner an meine Tür und sagte: „Theophilus, ich habe gehört, dass du heute nach Fulda zurückfährst. Wann geht es los?" Ich gab ihm die Zeit an und er sagte: „Ich komme mit meinem Auto und bringe dich zum Bahnhof." Da freute ich mich sehr. Diese Freude spürte ich den ganzen Tag, besonders auf dem Weg nach Fulda. Ich fuhr fort, Lieder zu singen, aber im Innern und nur für mich, um die Leute nicht zu stören. Dabei waren die meisten höflich und nett und halfen mir sogar beim Umsteigen. Von diesem Tag an wusste ich, dass eine positive Einstellung unseren Alltag schnell verändern kann und was Dankbarkeit für uns Menschen ausmacht. Sie befreit uns und öffnet uns für neue Erlebnisse und sogar Abenteuer. Wer stets versucht, dankbar zu sein, der strahlt eine besondere positive Energie in die Welt hinein. Bei den unzufriedenen Menschen ist es umgekehrt. Hier stimmt das, was Weihbischof Janssen sagt: „Wer nicht mehr danken kann, wird bitter!" Menschen, die verbittert sind, können kaum für irgendetwas in ihrem Leben danken. Aber wenn sie in sich hineinschauen würden, dann fänden sie mindestens einen Grund zur Dankbarkeit, denn jeder von uns hat bestimmt etwas, wofür er danken kann. An dieser Stelle möchte ich eine kleine Geschichte erzählen: Es stieg einmal eine Frau in einen Bus ein. Da sah sie eine sehr schöne, feine Dame, die eine dunkle Brille trug. Die Frau dachte sich, wie viel glücklicher sie doch in ihrem Leben wäre, wenn sie so hübsch wie diese Dame aussehen würde. Dieser Gedanke beschäftigte sie während der ganzen Fahrt. Als der Bus an einer Haltestelle anhielt, nahm die feine Dame ihren Gehstock und versuchte mühsam auszusteigen. Da merkte die zuvor neidische Frau, dass die schöne Dame blind war, und plötzlich hatte sie Mitleid mit ihr. Ihr Neid verwandelte sich in Dankbarkeit dafür, dass sie sehen konnte.

„Ein dankbares Herz. Es ist wie ein Motor, der deinem Leben die nötige Energie gibt, alle Wege mit einer gewissen Leichtigkeit und beherzt anzugehen", sagt Eva-Maria Leiber. Ich kann deshalb danken und vielleicht auch für etwas, das gerade jetzt 'schief zu laufen' scheint. Hier möchte ich die Erfahrung des Pastors Merlin Carothers erwähnen, des Autors berühmter Motivationsbücher, wie "From Prison to Praise" und "Victory on Praise Mountain". Merlin Carothers berichtet in seinem Buch "From Prison to Praise" über seine Erfahrungen mit Menschen, denen er - aufgrund eigener Erfahrung - riet, sie sollten für ihre missliche Situation eher dankbar sein. Eines Tages kam ein Mann zu Merlin ins Büro und erzählte ihm, wie traurig seine Frau war, weil er als Soldat nach Vietnam versetzt worden war, er, der einzige Mensch, den seine Frau noch hatte. Merlin bat den Mann, seine Frau zu ihm zu bringen. Als diese zu Merlin kam, sah sie sehr schlecht aus, da sie schon lange geweint hatte. Merlin dachte nach und empfahl ihr dankbar zu sein, und zwar trotz ihrer Sorge. Welch absurder Ratschlag! Damit war die Frau natürlich nicht einverstanden, besann sich aber später und dankte Gott mit ihrem Mann für ihre momentane Situation. Sie ging noch später zurück, um mit dem Pastor zu sprechen. Und während sie auf den Pastor wartete, kam sie mit einem Mann ins Gespräch, der ihr Fotos aus seiner Brieftasche zeigte. Dabei fiel ihr eines besonders auf. Sie schaute es sich genau an und fragte den Mann, wer das sei. Er antwortete: „Meine Mutter." Die Frau sah den Mann erstaunt an und sagte: „Die Frau auf dem Foto ist auch meine Mutter." Beide entdeckten später, dass sie

Geschwister waren, denn diese Frau wurde als Baby zur Adoption freigegeben und kannte deshalb ihre leibliche Mutter nicht. Später fand sie bei ihren Adoptiveltern ein Bild ihrer leiblichen Mutter. Daher erkannte sie nun ihre Mutter auf dem Foto des Mannes. Sie konnte nicht glauben, dass sie einen Bruder hatte, den sie nun vor sich sah. Sie war voller Freude. Und es ergab sich sogar, dass ihr Mann eine andere Arbeit bekam und brauchte nicht mehr umzuziehen (vgl. Merlin R. Carothers, From Prison to Praise, New Jersey 1970, S. 89 ff).

Die Dankbarkeit ist für mich ein Mittel, manch schwierige Lebenssituation zu meistern, Neues zu erfahren, meinen Horizont zu erweitern und mein Leben freier zu gestalten. Sie ist, wie der Philosoph Friedrich Nietzsche sie definiert, „das Gedächtnis des Herzens." Sie schenkt uns Freude, wobei die schönen Erfahrungen der Vergangenheit Mut für die Zukunft machen.

Es ist noch schöner, wenn sich die Dankbarkeit in einem Lied offenbart. Singen tut immer gut. Gute und inspirierende Musik bereitet uns immer die beste Atmosphäre zur Selbstentfaltung. Auch dazu möchte ich eine Geschichte erzählen.

Eine Mutter bereitete ihren kleinen Sohn Michael auf sein bald kommendes Schwesterchen vor. Sie brachte ihm bei, für das Baby im Bauch folgenden Liedtext oft wiederholend zu singen: „Du bist mein Sonnenschein!" So sang der Kleine immer wieder für sein Schwesterchen bis zur Zeit der Geburt. Die Mutter jedoch hatte Schwierigkeiten bei der Geburt und musste ihr Kind durch einen Kaiserschnitt zur Welt bringen.

Das Baby war in einer kritischen Lage und die Ärzte meinten, es gäbe wenig Hoffnung. Die Frau und ihr Mann dachten schon daran, ein Beerdigungsinstitut anzurufen, während das Baby auf der Intensivstation lag. Der kleine Michael wollte sein Schwesterchen aber unbedingt sehen und ihm sein Lied vorsingen, durfte aber nicht zu ihm. Deshalb verkleidete ihn seine Mutter und nahm ihn mit auf die Station, als wenn er ein Erwachsener wäre. Die Krankenschwester jedoch verbot dem Jungen den Besuch. Daraufhin wurde die Mutter wütend und mutig zugleich und nahm ihren Sohn doch mit zu seinem Schwesterchen. Der kleine Michael erblickte das Baby, das sich zwischen Leben und Tod befand, und begann für es zu singen. Auf einmal schien sich seine Atmung zu normalisieren! Michael durfte weiter singen! "Keep singing" („Sing weiter"), bat ihn seine Mutter. Da erwachte durch Michaels Lied in dem kleinen Mädchen das Leben und es ging dem Neugeborenen allmählich besser, bis es vollkommen gesund war. Nach zwei Wochen durfte das Baby mit seinen Eltern und seinem Bruder endlich nach Hause. Es war wie ein Wunder!

Auch wir sollten nicht vergessen, zu singen oder gute Musik zu hören, denn Musik ist Nahrung für die Seele – um so mehr, wenn es ein Lobpreis Gottes, unseres Schöpfers ist. Auf diese Weise können wir immer wieder Hoffnung in uns wecken und ein Licht der Freude in uns hineinstrahlen lassen.

Ludwig Feuerbach sagt: „Deine erste Pflicht ist, Dich selbst glücklich zu machen. Bist Du glücklich, so machst Du auch andere glücklich." Durch Dankbarkeit und Singen oder Hören eines inspirierenden Liedes können wir uns glücklich machen und auch andere mit unserer Freude anstecken.

Hab Geduld - auch mit dir selbst

Mein Großvater hatte uns Enkelkinder sehr lieb und brachte uns immer Bananen, Yam-Wurzeln und vieles mehr. Als ich etwa fünf Jahre alt war, wollte ich ihn einmal besuchen. Ein Onkel brachte mich zu ihm, da freute sich mein Opa sehr! Aber schon am gleichen Abend wollte ich unbedingt zurück zu meiner Mutter; dies war, aber nicht möglich und ich musste die Nacht dort verbringen. Am nächsten Tag bekam ich viele schöne Sachen vom Opa und langsam fühlte ich mich bei meinem Opa wohl und sprach nicht mehr davon, zu meiner Mutter zurückzukehren. So blieb ich ganz bei ihm. Mein Opa hatte mich inzwischen so lieb gewonnen, dass er mich nicht mehr loslassen wollte, auch wenn ich manchmal die Sehnsucht verspürte, wieder nach Hause zu gehen. Dies durfte ich nur noch in den Ferien, danach musste ich wieder zurück zu meinem Großvater.

Als ich ungefähr acht Jahre alt war, wollte ich als im Babyalter getaufter Junge die Erstkommunion empfangen, doch mein Opa verbot es mir. Ja, er untersagte mir sogar, überhaupt in die Kirche zu gehen. An den Sonntagen ging ich stattdessen zur Feldarbeit. Mein Großvater war nämlich Moslem! Vielleicht wollte er, dass ich konvertierte, aber so weit ist es, Dank sei Gott, nicht gekommen. Ich habe mich oft bei meinem Vater beschwert, aber er sagte mir, ich solle Geduld haben. So lernte ich schon früh, geduldig zu sein, in der Hoffnung, dass die Dinge sich ändern. Ich ging sogar an manchen moslemischen Festtagen mit in die Moschee. Ich trug die Gebetsmatte auf meinem Kopf, versteckte mich aber manchmal, damit mich meine christlichen Freunde nicht sehen konnten. Ich erduldete alles, bis mein Opa mich eines Tages zu sich rief, mir eine Hand an die andere legte und zu mir sagte: „Mein Kind, du darfst ab jetzt in Frieden deinen christlichen Weg gehen." Er betete für mich und wünschte mir das Beste. Darauf war eine unbeschreibliche Freude in mir!

Ein paar Monate später bekam ich ein Eintrittsformular für eines der besten Internate von Nigeria: St. Kizito Seminary, Idah - ein Priesterseminar für Jungen, wo ich die Aufnahmeprüfung dann auch gut bestand. Damit erfüllten sich mein Wunsch und mein Gebet, nicht eine Schule auf dem Dorf zu besuchen, sondern auf eine gut ausgestattete in der Stadt zu gehen. Damit erfüllte sich ebenso mein verborgener Wunsch, Priester zu werden, denn schon mit etwa neun Jahren sehnte ich mich danach, Pfarrer zu werden. Dazu sei gesagt, dass ich als Kind unweit der Kirche wohnte. Mein Vater war Lehrer und Katechet und wir wohnten deshalb im Haus für den Katecheten, das ganz in der Nähe der Kirche war. Schon vor der Zeit bei meinem Opa sah ich oft Priester, Missionare aus dem Ausland, die zur Messe kamen. Gern beobachtete ich sie in ihren weißen Gewändern.

Ich wurde in St. Kizito aufgenommen, und auch wenn das Lernen dort hart war, kämpfte ich mich durch zusammen mit den vielen begabten jungen Männern. Im Jahr 1993 bestand ich alle Prüfungen und machte mein Abitur. Damit hatte ich die Chance, in das große Priesterseminar einzutreten, war jedoch zuvor etwas unsicher. An einem Tag ging ich zu meinem Bruder Cyril, der inzwischen verstorben ist, und sagte ihm, dass ich vielleicht etwas anderes als Priester werden sollte. Aber Cyril entgegnete mir: „Wir, deine Brüder, haben versucht, Priester zu werden, aber es ist uns nicht gelungen. Du jedoch bist es, der auserwählt ist!" Damit war mir noch klarer, welchen Weg ich gehen sollte. Ich hatte danach keinen Zweifel mehr. Ich studierte später drei Jahre Philosophie in Makurdi. Danach machte ich ein einjähriges Praktikum, doch noch vor dessen Ende sandte eines Abends mein damaliger Bischof Ephraim Obot, auch inzwischen verstorben, seinen Sekretär, um mich und einen Klassenkameraden zu sich zu bitten. Wir hatten ein wenig Angst, denn wir dachten, dass wir uns etwas hätten zuschulden kommen lassen. Wir wurden beruhigt, als er uns mitteilte, wir seien auserwählt worden für ein Theologiestudium in Deutschland und zwar in Fulda. Das Bistum Fulda hat nämlich eine Partnerschaft mit der jungen Diözese Idah. Die Diözese Fulda nimmt deshalb seit 1991 Priesteramtskandidaten aus Idah in ihre Theologische Fakultät auf. Ich durfte mich also auch auf Fulda vorbereiten! Das war durchaus ein gemischtes Gefühl, denn ich wollte meine Freunde in der Heimat nicht vermissen, war aber neugierig, ein unbekanntes Land und einen neuen Kontinent kennenzulernen.

Die Reise nach Fulda begann im Herbst 1998 ohne ein Wort Deutsch. Mir waren die Sprache und manche Nahrungsmittel wie Sauerkraut, Brokkoli, dunkle und andere Brotsorten sehr fremd. Mittlerweile kaufe ich gerne Brot mit Kümmel ein! Langsam lernte ich alles kennen, besonders die Sprache! Ich lernte wieder wie ein Kind eine neue Sprache sprechen.

Im Jahr 2002 machte ich nach vier Jahren meinen Abschluss in Fulda. Ich wurde im Dom zu Fulda zum Diakon geweiht und ging danach zurück in meine Heimat. 2003 wurde ich am 4. Mai zum Priester geweiht. Damit erfüllte sich mein Lebenswunsch! Nach zwei Jahren durfte ich der erste Pfarrer der Gemeinde St. Patrick, Ajaka, werden. Es war dieselbe Gemeinde, in die zu gehen mir mein Großvater verboten hatte! Damals war die Gemeinde nur eine Filiale, und nun erwählte mich mein Bischof, ohne zu wissen, dass ich als Kind in dieser Gemeinde lebte, zum Pfarrer der neuen Pfarrei. Der Tag meiner Einführung war für mich ein ganz besonderer! Ich hätte mich noch mehr gefreut, wäre mein Vater noch am Leben gewesen. Dann hatte er sehen können, dass sein Junge durch seinen Rat, „geduldig zu sein", Pfarrer genau der Gemeinde wurde, in der er nicht zur Kirche gehen durfte. Die Bibel sagt: „Für Gott ist nichts unmöglich!" (Lk. 1, 37)

Meine Landsleute, die Igala, sagen: „Efedo je efokuta hi!" – „Wenn du geduldig bist, wirst du einen Stein abkochen können." Dies klingt nicht sehr realistisch, bringt jedoch etwas Wesentliches zum

Ausdruck: Mit Geduld können wir vieles schaffen. Deshalb dürfen wir nicht so schnell aufgeben.

Wer geduldig ist, der ist voller Hoffnung, dass sich mit der Zeit alles zum Guten wendet.

Alles geht vorbei

Der Gedanke, dass alles irgendwann ein Ende hat, kann beruhigend wirken. Wenn ich weiß, dass mich nach einer langen Nacht der Schlaflosigkeit ein heller Tag mit Sonnenschein grüßen wird, so kann ich die Nacht entspannter durchstehen. Zu diesem Gedanken habe ich die folgende Geschichte mit dem Titel „Der weise Berater" von Gabriele Hartl (Hgr.) aus „Gedanken für Zeiten, in denen das Leben schwer fällt" übernommen:

Ein mächtiger arabischer Herrscher rief seine Berater zusammen und befahl ihnen: 'Schafft mir bis morgen früh etwas her, das meinen Seelenfrieden für immer sichert. Gelingt es euch, will ich euch reichlich belohnen, andernfalls werdet ihr sterben.'

Die Weisen gerieten in Panik. Wie um Himmels willen sollten sie den Wunsch erfüllen? Lediglich einer von ihnen behielt die Ruhe. Er zog sich in seine Kammer zurück und verschloss die Tür. Nur gelegentlich drang ein leises Hämmern und Klopfen an das Ohr seiner ängstlich wartenden Gefährten.

Am nächsten Morgen wurden alle Weisen zum Kalifen gerufen. ‚Nun, habt ihr etwas gefunden, was mir für alle Zeiten innere Ruhe beschert?', fragte der Herrscher. Der Weise verneigte sich. ‚O ja, Herr', erwiderte er. ‚Dieser Ring wird Euch geben, was Ihr verlangt. Sooft Ihr Euch in Verzweiflung befindet oder in Gefahr seid, durch eine Hochstimmung allzu übermütig zu werden, schaut auf diesen Reif, und Ihr werdet Euren Gleichmut zurückgewinnen'. Damit überreichte er dem Kalifen den Ring. Der Herrscher nahm ihn entgegen und las beeindruckt die darin eingravierten Worte: ‚Alles geht vorüber'."

Egal, was man im Leben durchmachen muss, alles geht vorüber, und das Leben geht auch weiter. Ein unbekannter Autor fasst es so zusammen: „Alles, was man über das Leben lernen kann, ist in drei Worte zu fassen: Es geht weiter."

Mutmachende Worte

Ich sagte einmal zu einer Bekannten: „Deine Worte haben mir immer geholfen", und sie antwortete: „Aber deine mir auch." Diese Reaktion hat mich sehr bewegt. Mitmenschen können uns motivieren, einen positiven Sinn im Leben zu erkennen, unser Selbstwertgefühl zu stärken und selbstbewusst mit „Kopf hoch" unseren Weg zu gehen.

Mir haben gute Worte meiner Freunde, meiner Familie und von meinen Bekannten immer geholfen. Was wäre ich ohne die mutmachenden Worte, die mir immer wieder mitgegeben worden sind! Wenn ich an mir selber zweifle, so kommen Worte wie: „Du schaffst das schon, Theo!", „Du bist tapfer.", „Du bist intelligent!", „Du bist zielstrebig und da kann nichts schief laufen!", „Wir denken an dich.", „Wir sind bei dir im Gebet.", „Der Heilige Geist wird dir schon helfen.", „Wir wünschen dir das Beste!", „Wir drücken dir die Daumen.", „Bei dir hat man keine Angst, dass du es nicht schaffst.", „Wir haben das Vertrauen, dass du es mit Erfolg schaffst!", „Du schaffst alles, was du dir vornimmst.", „Wir machen GKE für dich ('Ganzkörpereinsatz' ist ein von einem Bekanntenkreis geprägter Ausdruck für 'mit ganzer Energie sämtliche Daumen für den anderen drücken')." Worte wie diese haben mich immer durch schwierige Phasen meines Lebens begleitet - insbesondere bei meinen Abiturprüfungen, bei der Diplomarbeit und erst recht bei meinem Promotionsstudium. Für solche Worte bin ich sehr dankbar!

Wir brauchen immer Motivation von anderen. Wir leben zum Teil davon, und deshalb ist das gute Miteinader stets zu pflegen. Allein sind wir in dieser Welt verloren, aber gemeinsam mit anderen unterwegs sind wir immer stark!

Yes, I can: Die Macht dessen, was du denkst

Die positiven Gedanken, die wir haben, schenken uns eine ungeheure Kraft voran zu kommen. Es ist, wie wenn Barack Obama bei seinem Wahlkampf 2008 ausruft: „Yes, we can". Damit hat er sich und seinen Parteifreunden zum Sieg verholfen.

Das, was wir von uns selbst halten und denken, ist also wichtig. Wenn wir positiv eingestellt sind, so strahlen wir eine positive Energie aus, und diese Energie hilft uns immer wieder, durch schwierige Phasen unseres Lebens zu kommen. Auch schon im normalen Alltag wird uns durch positives Denken geholfen. Andrea Berg, die deutsche Schlagersängerin, sagte einmal in einem Interview, dass sie mit ihrer positiven Lebenseinstellung den Alltag leichter meistert. Sie sagte, sie habe immer wieder die Erfahrung gemacht, dass sie einen Parkplatz in der

Stadt findet, wenn sie vorher positiv darauf eingestellt ist, einen Platz für ihr Auto zu finden.

Auch ich habe einmal eine besondere Erfahrung
gemacht. Ich war auf der Suche nach einer Straße
in Kassel, hatte aber kein Navigationsgerät dabei.
Irgendwie verfuhr ich mich und kreiste in der Ge-
gend herum. Schon wollte ich wegen eines anderen
Termins die Suche aufgeben, als ich - ganz positiv -
zu mir selber sagte: „Du findest diese Straße jetzt!"
Und da fuhr ich mit Zuversicht gezielt in eine
Richtung - und plötzlich war die Straße in Sicht!

Ich mache auch immer die Erfahrung, dass ich gute
Gottesdienste gestalte, wenn ich mir vorher gesagt
habe, dass es gelingen wird. Ich stelle mich dabei
darauf ein, dass alles gut gehen wird - und so wird
es! Das gleiche tue ich, wenn ich einen Vortrag zu
halten habe und meistens wirkt es.

Der Glaube an uns selbst und an unsere Stärke hat einen großen Einfluss auf den Verlauf unseres Lebens. Unsere Denkweise hat eine große Macht auf unser gesamtes Leben. Sie beeinflusst alle Schritte, die wir tun. Die Architektur einer Stadt, die Kunst und alles, was der Mensch erschafft, alles geht aus vom Denken. Deshalb ist es immer wichtig, auf die Art unseres Denkens zu achten, ja, das Denken positiv zu prägen. Es zeigt uns immer wieder die Richtung an und schenkt uns Freude, wenn wir es mit positiven Gedanken "nähren" (Vgl. Epheserbrief 4, 23f.). Einer der guten Gedanken, die mir die Bibel an dieser Stelle schenkt, ist der Folgende: „Alles vermag ich durch ihn, der mir Kraft gibt" (Phil 4, 13). Damit bin ich immer wieder positiv eingestellt und finde meine Ruhe, wenn ich schwierige Aufgaben vor mir habe.

Gib nicht auf, bleib auf der Suche

Manchmal scheint alles im Leben sinnlos zu sein. Man verliert ein Familienmitglied, einen Freund, man verliert die Arbeit oder erfährt einen materiellen Verlust. Dann scheint die Welt zusammenzubrechen, aber das Leben geht trotzdem weiter. Irgendwie hat Gott uns etwas gegeben, das uns hilft, mit solchen Verlusten umzugehen. Man sagt, dass die Zeit heilt. Es dauert oft lange und ist bestimmt nicht leicht, aber die Heilung geschieht. Dazu aber braucht man Geduld. Es gibt Menschen, die es kaum verkraften, wenn sie den Partner oder einen Freund verlieren. Einige versuchen, Trost in Alkohol oder Drogen zu finden. Das alles ist aber keine Lösung. Nur der starke Wille selbst, einen neuen Anfang zu wagen, ist das, was zu einer gewissen "Auferstehung" führen kann! Wenn ich mir selber sage: "Ich gebe nicht auf, ich schaffe es", so werde ich motiviert, gerade zu stehen und einen neuen Weg zu gehen. Hier möchte ich Eva-Maria Leiber zitieren: „Es gibt immer einen Weg. Wage ihn nur, den Weg über das Meer! Irgendwann kommt wieder ein Ufer in Sicht und ein Ziel, das sich lohnt."

Das Leben ist schön, aber manchmal auch "unfair". Menschen, die früher ein schönes Leben hatten, verändern sich plötzlich, weil ihnen etwas zugestoßen ist.

Man erzählte mir einmal eine Geschichte von einem jungen Mann, der zuerst ganz gesellig war. Er ging ins Ausland, um zu studieren und als er wieder in seine Heimat zurückkam, war er ganz anders. Er wandte sich von den Menschen ab, sprach wenig und war lebensmüde. Dieser Mensch war bestimmt durch irgendeine Erfahrung mit den Mitmenschen tief verletzt und konnte damit nicht richtig umgehen. Wenn dieser junge Mann sich etwas hätte

44

öffnen können, hätte man ihm vielleicht helfen können - doch er wollte es nicht! Er war vermutlich von jemandem tief verletzt worden, so dass er sich nicht mehr öffnen wollte. Das ist das Schlimme! Da, wo wir Menschen das Vertrauen zu den Mitmenschen verlieren, da wird es sehr schwer, neue Kontakte zu knüpfen. Hier möchte ich solchen verzweifelten Menschen sagen: Gib trotz allem nicht auf. Es gibt doch wunderbare Menschen auf der Welt, mit denen du deinen Lebensweg noch gehen kannst. Es ist nicht vorgesehen, dass du deinen Weg alleine gehst. Gott sagt es so von Anfang an: Es ist nicht gut, dass der Mensch alleine geht (Gen 2,18).

Deshalb sollst du nicht so verzweifelt sein, deinen Weg alleine gehen zu wollen. Erhebe deinen Kopf und schau dich um, und du wirst jemanden finden, der dir zulächelt und dich annehmen wird, wie du bist. Auch hier möchte ich Eva-Maria Leiber zitieren: „Dreh dich zum Licht. Sicher stehst du nicht auf der Sonnenseite des Lebens. Auch Schattenstunden gehören dazu. Du kannst dich ihnen ausliefern und im Dunkel versinken. Du kannst ihnen aber auch Lichtpunkte abgewinnen, entschlossen und geduldig. Dem Licht zugewandt, kommt wieder Farbe in dein Leben und mit der Farbe die Freude. Meist kommt sie leise daher. Sei achtsam."

Manche Menschen sind nicht nur an einem Mitmenschen verzweifelt, sondern auch an sich selbst. Sie können sich selber nicht vergeben, weil sie sich selbst so enttäuscht haben. Es kommt aber auch vor, dass ein anderer jemandem Vorwürfe gemacht oder ihn so beschuldigt hat, dass er keine Hoffnung mehr sieht. Da sage ich trotzdem: Gib nicht auf, denn in dir steckt noch so viel Hoffnung und Liebe, die du vielen anderen Menschen schenken kannst. Du bist ein Mensch und, wie jeder Mensch, bist du nicht fehlerlos; aber trotz deiner Fehler steckt so viel Gutes in dir, dass du nicht aufzugeben brauchst. Im Buch Genesis heißt es, dass Gott sah, dass alles, was er schuf, gut war. In dir ist doch viel Hoffnung für die Welt. Darum kann ich dir sagen: Werde ein 'Auferstehungsmensch' und gehe weiter auf deinem Weg. Du bist etwas Besonderes und du kannst so viel schaffen, mehr als du denkst. Und noch ein Wort: Konzentriere dich auf das, was dich aufbaut, und nicht auf das, was dich zerstören will.

Die folgenden in Gedichtform ausgedrückten Wünsche von Marion v. Vlahovits füge ich hinzu:

„Wenn Finsternis dich ganz umschließt

und du kein Fünkchen Licht mehr siehst,

wenn dich dein Alltag fast erdrückt,

kein Leuchten mehr dein Antlitz schmückt,

dann wünsch' ich dir in dunkler Nacht,

dass stets dein Engel bei dir wacht

und dich in deinem Schmerz erreicht,

damit das Dunkel von dir weicht.

Wenn Kummer dir die Hoffnung nimmt,

die Welt dich nur noch traurig stimmt,

wenn dich die Trauer fast erstickt,

kein Lächeln mehr dein Antlitz schmückt,

dann wünsch' ich dir in dunkler Nacht,

dass stets dein Engel bei dir wacht

und dich mit seinen Flügeln streift,

damit die Trauer von dir weicht."

Bleib ruhig, auch im Angesicht von Sorgen

Eines Tages beunruhigten mich viele Sorgen. Das war zu der Zeit, als ich mich auf meine Promotionsprüfungen vorbereitete. Ich hatte mich nach Münster zurückgezogen und wohnte im Priesterseminar - da, wo ich auch während meines Freisemesters wohnte. An diesem Tag ging ich an einer alten Dame vorbei, die ganz leise „Take it easy!" sagte. Sie war bestimmt eine Deutsche, aber ich wunderte mich, dass sie so sprach, ohne in meine Richtung zu schauen, jedoch als ob diese Worte für mich bestimmt waren. Sie passten nämlich genau in meine Situation! Ich brauchte diese Worte jetzt und war dankbar dafür. Ich spürte eine wohltuende Ruhe in mir und schätzte ab diesem Augenblick das Sprichwort: „In der Ruhe liegt die Kraft." Aufgrund dieser Erfahrung versuche ich immer, wenn mir etwas Sorge bereitet, mich zu entspannen, damit ich besser denken kann, um zu besseren Lösungen zu gelangen.

Diese Erfahrung hat mir auch geholfen, als ich einmal mit meiner Mutter und einer meiner Schwestern auf dem Frankfurter Flughafen unterwegs war. Wir kamen ziemlich spät zum Einchecken und mussten uns daher sehr beeilen. In der Hast verlor meine Schwester ihr Ticket und geriet in Panik. Ich versuchte, sie zu beruhigen, indem ich selbst ganz entspannt blieb, um auf diese Weise das Problem zu lösen. Ich wusste, dass es einen Ausweg geben wird. Wir gingen zum Schalter, um den Verlust zu melden. Doch da kam schon eine Flughafenmitarbeiterin mit dem Ticket meiner Schwester in der Hand! Es war für uns wie ein Wunder! Von diesem Tag an wurde mein Sinn für Ruhe in unangenehmen Situationen gestärkt. Das Leben kann manchmal kompliziert sein, aber bewahre die Ruhe, auch da, wo es 'aus dem Ruder zu geraten' scheint. Vielleicht ist Hilfe ganz in der Nähe, aber du findest sie nur, wenn du die Ruhe bewahrst und den Mut hast, nicht aufzugeben. Eva-Maria Leiber sagt dazu: „Nur Mut! Manchmal scheint ein Weg sehr schwierig zu sein. Wie soll es da nur weitergehen? Was du jetzt brauchst, ist eine Portion Mut. Mut hilft dir, über schwankende Brücken zu gehen und steinige Steige zu überwinden. Mut verleiht dir Flügel. Du wirst sehen: Scheinbar Unmögliches wird möglich. Gib nur nicht auf! Durchhalten lohnt sich. Wart' es geduldig ab. Du kommst wieder auf den grünen Zweig."

Bemühe dich um das Gute

Ich habe im Leben gelernt, an das Gute, das in mir steckt, zu glauben. Als Mensch habe ich meine Schwächen, andererseits aber freue ich mich, dass viel Gutes in mir steckt. Daran sollte ich stärker glauben, als ständig über meine Schwächen zu jammern. Ich merke, dass sich die Menschen freuen, wenn ich ihnen Gutes tue. Sie freuen sich und bedanken sich, wenn ich sie besuche, wenn sie krank sind und etwas Gesellschaft brauchen. Sie freuen sich, wenn ich ihnen Geschenke mache. Sie freuen sich, wenn ich ihnen gute Worte mitgebe. Sie freuen sich, wenn ich ihnen ein Kompliment mache. Sie freuen sich und erwidern es, wenn ich ihnen zulächle. An dieses Gute, das ich aus mir heraus geben kann, sollte ich mehr glauben als an das, was ich für Schwäche in mir halte. So kann ich mich immer wieder über das Gute in mir freuen.

Natürlich muss ich mich auch darum bemühen, mich noch weiter zu bessern. Doch indem ich an das Gute in mir glaube, beginne ich bereits, ein wenig besser zu werden.

Den Glauben an das Gute im Menschen versuche ich auch auf andere zu übertragen. Ich möchte mehr an das Gute bei anderen Menschen glauben als ständig über ihre Fehler und ihr Versagen zu klagen. Die Menschen, die wir kennen - unsere Familienmitglieder, Verwandten, Freunde, Mitarbeiter, Klassenkameraden - in ihnen allen ist das Gute, auch wenn es durchaus vorkommen kann, dass sie uns Ärger bereiten. Dennoch ist dies kein Grund, dass wir schnell aufgeben, an das Gute in ihnen zu glauben, denn wie es Hans Margolius meint: „Der Glaube an das Gute im Menschen vermehrt das Gute in der Welt".

Das Wort für dein Leben!

Zum Schluss möchte ich ein wichtiges Wort mitgeben. Worte haben eine ungeheure Kraft! Viele, sehr unterschiedliche Worte kommen uns täglich entgegen, Worte von Freunden, Eltern, Verwandten und Mitarbeitern, Worte vom Fernsehen und aus dem Internet, per Skype, Facebook, Sms, Twitter und Radio. Manche motivieren uns, spenden uns Trost und machen uns Mut, unseren Weg zu gehen, so wie diejenigen, die ich vorher erwähnt habe. Für solche Worte sind wir immer sehr dankbar. Es gibt jedoch wiederum Worte, die uns verwirren, uns durcheinander bringen und vielleicht sogar traurig und depressiv machen. Unter all den Worten gibt es, Gott sei Dank, ein Wort, das stets darauf zielt, uns aufleben zu lassen. Dieses Wort schenkt uns Kraft und Energie. Es begleitet uns und schenkt uns Mut auf unserem oft beschwerlichen Lebensweg und lässt uns das Leben in Fülle erleben.

Als Menschen fürchten wir uns oft vor dem Alleinsein. Wir wollen nicht immer allein sein. Wir brauchen jemanden neben uns, nicht irgendjemanden, sondern einen, der uns versteht, uns annimmt, wie wir sind, uns gerne zuhört und uns, wenn es nötig ist, gute Worte zuspricht. Wir freuen uns und sind dankbar, wenn wir solche Menschen finden.

Uns ist das Wort geschenkt worden, das uns durch das Leben begleiten will, damit wir nicht alleine sind. Dieses Wort will immer bei uns wohnen und hat deshalb eine Gestalt wie die unsere angenommen. Es verwandelt unsere oft dunkle Welt immer wieder in ein unerklärliches Licht, das Freude in unseren Herzen weckt. Dies merken wir besonders zu Weihnachten und Ostern.

Der Evangelist Johannes schreibt: „Im Anfang war das Wort, und das Wort war bei Gott, und das Wort war Gott. Im Anfang war es bei Gott. Alles ist durch das Wort geworden, und ohne das Wort wurde nichts, was geworden ist. In ihm war das Leben, und das Leben war das Licht der Menschen … Und das Wort ist Fleisch geworden und hat unter uns gewohnt …" (Joh.1, 1ff.).

Das Wort, von dem die Rede ist, ist Jesus Christus, Gottes Sohn, der in die Welt gekommen ist, damit wir alle das Leben in der Fülle erleben können (Joh 10,10).

In ihm ist das wahre Leben! Er ist derjenige, der uns Folgendes sagt: „Kommt alle zu mir, die ihr euch plagt und schwere Lasten zu tragen habt. Ich werde euch Ruhe verschaffen" (Mt. 11, 28).

In diesem Wort ist es Gott selber, der uns ein Begleiter sein möchte. Er kennt uns gut, weiß, wie wir sind, und will uns auf unserem Lebensweg begleiten. Er will unser Partner sein. Er will uns nicht verlieren. Im Jesajabuch sagt Er ganz persönlich zu seinem Volk, was auch heute für uns gilt: "Jetzt aber - so spricht der Herr, der dich geschaffen hat, … und der dich geformt hat - fürchte dich nicht, denn ich habe dich erlöst, ich habe dich beim Namen gerufen, du gehörst mir. Wenn du durchs Wasser schreitest, bin ich bei dir, wenn durch Ströme, dann reißen sie dich nicht fort. Wenn du durchs Feuer gehst, wirst du nicht versengt, keine Flamme wird dich verbrennen." (Jes. 43, 1ff.)

Dieses Wort hält, auch wenn Menschen-Worte brechen. Es trägt, auch da, wo Menschen nicht zu uns halten. Darum will ich das Wort stets suchen, solange bis es mich erfüllt. Wie der Psalm-Beter will ich diesem Wort nachgehen: „Schon beim Morgengrauen komme ich und flehe; ich warte auf dein Wort" (Ps. 119,147. vgl. Johannes Paul II, in: Gabriele Hartl, Gedanken für Zeiten, in denen das Leben schwerfällt).

Bei allem, was ich in diesem Leben durchmachen muss, ist dieses Wort bereit, mich zu begleiten, bei mir zu sein, mich zu trösten, aufzurichten und aufzufangen, wenn es einmal schwer wird - in meinem Familienleben, in meiner Beziehung zu den Mitmenschen, in der Schule, bei meiner Arbeit, auf dem Weg und auch zu Hause. Es möchte mit mir sein 'am Morgen, am Abend und an jedem neuen Tag.' Halleluja!

Weitere Werke:

1.

Give Him Thanks and Praise:

My Encounter with God,

Enugu, Nigeria, 2004.

2.

The Servant of Yahweh in Isaiah 52:13-

53:12:

A Historical Critical and Afro-Cultural Herme-
neutical Analysis with the Igalas of Nigeria in View,

Paderborn, Diss., 2010;

Lit Verlag Münster, Zürich, 2012.